AF326380

MANUEL
DE L'ACCORDEUR,

OU

L'ART

D'ACCORDER LE PIANO,

Mis à la portée de tout le monde.

PAR

PARIS.

LIBRAIRIE ENCYCLOPÉDIQUE DE RORET,

RUE HAUTEFEUILLE, N° 10 (BIS);

ANCELLE, LIBRAIRE,

RUE DE LA HARPE, N° 58.

1834

IMPRIMERIE DE E. DUVERGER,
RUE DE VERNEUIL, N° 4.

MANUEL DE L'ACCORDEUR.

INTRODUCTION.

En publiant une méthode sur l'art d'accorder le piano, j'ai voulu remplir une lacune qu'on a toujours regardée comme extrêmement nuisible aux personnes qui jouent de cet instrument.

L'ouvrage est divisé en trois parties ; la première contient une analyse exacte de l'instrument ; la seconde, les théories nécessaires à l'accordeur ; et la troisième, le moyen le plus simple pour en faire l'application.

Un chapitre très détaillé sur les cordes suit de près ces trois parties, et sert de complément à la méthode.

PREMIÈRE PARTIE.

ANALYSE DE L'INSTRUMENT.

Le piano se compose d'une caisse, d'un clavier, et d'une ou plusieurs pédales.

DE LA CAISSE.

On appelle caisse d'un piano le coffre qui renferme le mécanisme.

Les caisses sont :

1° Carrées (*fig.* 1) :

2° Verticales (*fig.* 2);

3° Horizontales ou à queue (*fig.* 3).

La partie supérieure de chacune de ces caissses est toujours à charnière ; en la soulevant, on aperçoit une planche de figure ovale, qui a pour objet de modérer et d'égaliser la vibration des cordes ; elle se nomme fausse table d'harmonie (*fig.* 22, 23, 24).

C'est au-dessous de cette table que se trouvent les cordes. Elles sont placées symétriquement et de manière à ce que leur épaisseur augmente toujours en raison de leur étendue.

A l'une des deux extrémités d'une corde se trouve un anneau formé par la partie de la corde qui est repliée sur elle-même ; il prend le nom de bouclette (*fig.* 11) et sert à fixer la corde sur l'un des côtés de la caisse.

L'autre bout de la corde est roulé autour d'une espèce de clou à vis, qu'on nomme cheville (*fig*. 17). C'est par le moyen de ces chevilles que l'on règle la tension des cordes.

L'endroit où les chevilles sont pour ainsi dire enclouées s'appelle sommier (*fig*. 4, 5, 6 в).

Les chevilles sont placées deux par deux dans les pianos à deux cordes, et trois par trois dans les pianos à trois cordes.

Les chevilles ainsi réparties se succèdent par demi-ton; dans les pianos à queue et les pianos verticaux, elles sont placées en long (*fig*. 8); dans les pia. nos carrés, elles décrivent la forme d'une S (*fig*. 9).

A côté de toutes les deux chevilles dans un piano à deux cordes, et de toutes les trois dans un piano à trois cordes, est une lettre. Cette lettre indique le nom de la note donnée par les cordes des chevilles voisines. Voici le rapport qui existe entre ces lettres et les notes.

la, la♯, si, do, do♯, ré, ré♯,
a, a♯, b, c, c♯, d, d♯,
mi, fa, fa♯, sol, sol♯, la, etc.
e, f, f♯, g, g♯, a, etc.

La table qui se trouve au-dessous des

cordes, et qui cache le fond de la caisse, s'appelle table d'harmonie (*fig.* 4, 5, 6 c).

Sur cette table, et à une certaine distance des chevilles, est une espèce d'archet en bois qui sert à égaliser la hauteur des cordes ; il est nommé chevalet (*fig.* 4, 5, 6 D).

Il y a des pianos qui ont deux chevalets, le grand et le petit ; le petit chevalet est celui qui est le plus bas (*fig.* 4 A).

C'est aussi sur l'un des bords de la table d'harmonie que se trouve le sillet ; il est destiné à diriger le côté des cordes qui fait face au chevalet (*fig.* 4, 5, 6 A).

On appelle étouffoir cette rangée de petites baguettes qui se posent légèrement sur les cordes (*fig.* 4 F) ; au bout de chacune de ces baguettes est un petit morceau de flanelle qu'on nomme tête des lames (*fig.* 7 A).

En ôtant l'étouffoir, on voit une file de petits sautereaux ; ce sont les pilotis (*fig.* 21). Plus tard, je ferai connaître les fonctions des pilotis et des têtes des lames.

Pour compléter maintenant l'analyse

de ce premier plan de la caisse, il ne me
reste à parler que des pointes.

Il y a trois espèces de pointes :

1° Pointes d'attache (*fig.* 4, 5, 6 G)

2° Pointes du siller (*fig.* 4, 5, 6 H)

3° Pointes du chevalet (*fig.* 4, 5, 6 I)

Les pointes d'attache servent à tenir
un côté de la corde ; celles du siller et
du chevalet ne s'emploient que pour
leur donner une direction uniforme et
régulière.

DU CLAVIER.

Par le mot clavier, les facteurs dési-
gnent le mécanisme intérieur d'un piano
(*fig.* 5).

Le clavier se compose d'abord d'un
châssis carré-long, formé par trois barres
transversales incrustées dans deux barres
latérales (*fig.* 20 A).

Sur la barre qui est au milieu de ce
châssis, et qui est un peu plus élevée que
les autres, se trouve placée une certaine
quantité de petits bâtons aplatis, que
l'on nomme touches.

Une des deux extrémités de ces touches
donne sur le devant de la caisse et indique, soit par sa nuance, soit par sa posi

tion, le nom de la note qu'on obtient en y appuyant le doigt. Voici le rapport des notes et de ces parties des touches, qui, collectivement, prennent aussi le nom de clavier (CLAVIER).

L'autre bout de la touche se prolonge dans l'intérieur de la caisse et contient l'échappement, l'attrappe-marteau et le pousse - pilotis (*fig*. 20 B). L'échappement est une espèce de petit marteau à bascule, dont le but est de pousser, en glissant, un autre marteau qui se trouve au - dessus de lui. L'attrappe - marteau (*fig*. 20 c) est un morceau de buffle destiné à recevoir les marteaux, et le pousse pilotis (*fig*. 20 D) est l'endroit de la touche qui soulève le pilotis.

Maintenant voici comment toutes ces parties agissent dans leur ensemble.

Lorsqu'on appuie le côté d'une touche, l'autre côté se lève ; le marteau, poussé par l'échappement, frappe alors les cordes, et retombe soudain dans l'attrappe-marteau. Au même instant, le pilotis suspend la tête des lames et laisse vibrer les cordes jusqu'à ce que on ait lâché la touche ; car le pilotis revient alors à sa place, et les cordes se taisent.

Le jeu de ce mécanisme est le même dans presque tous les pianos; car si la diversité des caisses oblige parfois à donner aux parties d'un clavier des positions différentes, leurs fonctions ne changent pas pour cela.

De toutes ces positions, la plus conforme à la nature de l'instrument, c'est celle des pianos à queue ; car, dans les pianos carrés ou verticaux, rien n'étant d'équerre, le mécanisme en est tourmenté, et ne parle jamais aussi librement.

Lorsqu'un piano à queue répète avec précision, et tient bien l'accord, il réunit toutes les qualités d'un excellent piano.

DES PÉDALES.

Les pédales sont de petites bascules placées au bas du piano et que l'on fait mouvoir avec le pied. Elles ont pour objet de nuancer d'une manière plus ou moins agréable le son naturel d'un piano.

Il n'y a que deux pédales qui remplissent ce but ; la pédale du forte (*fig*. 1, 2, 3 A) et la pédale céleste (*fig*. 1, 2, 3 B); l'une suspend l'étouffoir, l'autre approche des cordes de petits morceaux de flanelle propres à en adoucir les vibrations.

Quant aux autres pédales au moyen desquelles on a prétendu introduire dans le piano des sons étrangers à cet instrument, je crois superflu d'en parler. Maintenant tout le monde a reconnu leur inutilité et on les a généralement proscrites.

DEUXIÈME PARTIE.

THÉORIES OU CONNAISSANCES NÉCESSAIRES A L'ACCORDEUR.

Il y a deux espèces de demi-tons ; les demi-tons chromatiques et les demi-tons diatoniques.

On appelle demi-ton chromatique l'intervalle formé par deux notes placées sur le même dégré de la portée, et dont l'une est accidentée et l'autre bécarre ; comme, par exemple *do bécarre, do dièze, ré dièze, ré bécarre.*

On nomme demi-ton diatonique l'espace qui existe entre deux notes placées sur deux lignes différentes de la portée et ne formant malgré cela qu'un intervalle de seconde, tel que *do bécarre, ré bémol, do dièze, re bécarre.*

L'intervalle d'un demi-ton chromatique est plus grand que celui d'un demi-ton diatonique. Cette différence peut-être évaluée à un neuvième de ton. La voici indiquée par des chiffres :

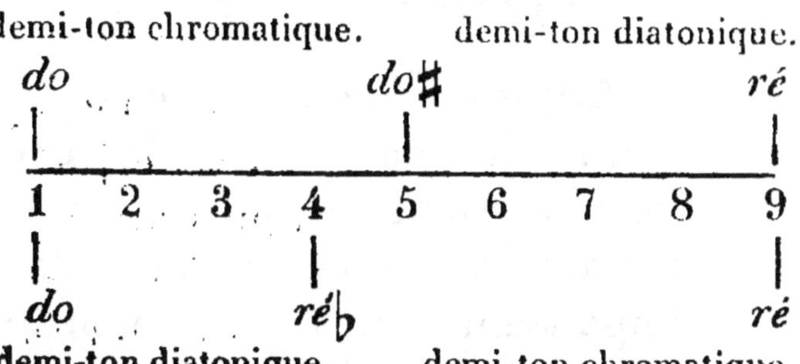

Ces deux demi-tons, tels que je viens de les indiquer, ne peuvent s'obtenir que sur les instrumens à son non fixe, comme la basse, le violon, etc.; mais sur un instrument à son fixe tel que le piano, cela est tout-à-fait impossible ; car, comme chacun sait, cet instrument n'a, pour rendre le *do dièze* et le *ré bémol*, qu'une seule touche.

Maintenant, comment accorder cette touche? Faudra-t-il garder la distance du demi-ton chromatique ou celle du demi-ton diatonique? Doit-elle être faible ou forte? voilà toute la question.

Les anciens facteurs la résolurent en s'en tenant à un Mezzo termine et en rendant tous les demi-tons également justes ; ainsi la position ci-dessus tracée

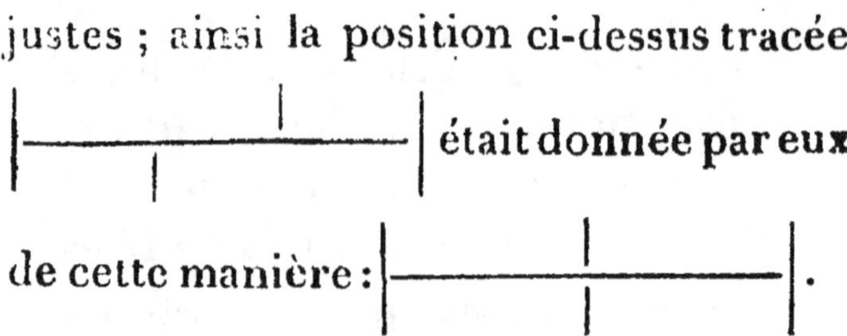 était donnée par eux

de cette manière :

Mais les facteurs modernes ayant reconnu que ce système de justesse, au lieu de cacher l'impuissance de l'instrument à donner les deux demi-tons, impuissance que l'on ne pourrait corriger sans le rendre injouable, ne servait qu'à la faire ressortir davantage, convinrent de le modifier, et créèrent pour cela un demi-ton tant soit peu plus tempéré, c'est-à-dire tant soit peu plus fort que celui qui avait été adopté par leurs prédécesseurs.

Or, c'est précisément sur ce tempérament que se résume toute la difficulté de l'accord ; car, pour qu'un piano soit bien accordé, il faut que le tempérament soit le même sur tous les demi-tons, c'est-à-dire sur toutes les touches.

Pour applanir autant qu'il est possible cette difficulté, on fait une opération que l'on appelle partition.

La partition consiste à accorder les 12

demi-tons de la gamme, telle qu'elle est donnée par le piano, avec leurs quintes respectives, et à entremêler ces quintes avec d'autres notes, afin de pouvoir se contrôler à chaque pas, ayant pour principe que toutes les tierces doivent être fortes, les quartes justes, les quintes faibles et les octaves justes [1].

Les accordeurs n'emploient pas tous la même partition. Quant à moi, j'ai adopté celle qui a été donnée par le célèbre pianiste J. Hummel de Vienne, et dont presque tous les facteurs d'Allemagne se servent pour monter leurs pianos. La voici.

Nota. C'est la note noire que l'on accorde sur la note blanche ; de manière

(2) L'appréciation de ces intervalles est extrêmement facile, par la raison qu'il sort de la

qu'en faisant cette partition, on accorde toujours une note sur celle qu'on vient d'accorder.

Quoique cette partition aille au-delà de l'octave, elle ne renferme que 12 notes qui sont accordées avec leurs quintes, et c'est précisément ces 12 notes là qui, sur le piano, composent les 12 demi-tons de la gamme.

Échelle des notes qu'on accorde avec leurs quintes; ils composent les douze demi-tons de la gamme de sol.

Quant aux autres notes de la partition, je crois utile de répéter qu'elles ne servent qu'à lier les quintes, et fournir à l'accordeur des moyens de vérification.

nature même des cordes, et voici dans quel rapport.

L'octave   2 à 1.
La quinte 3 à 2.
La quarte 4 à 3.
La tierce   5 à 4.

Partition. Contre-Preuves.

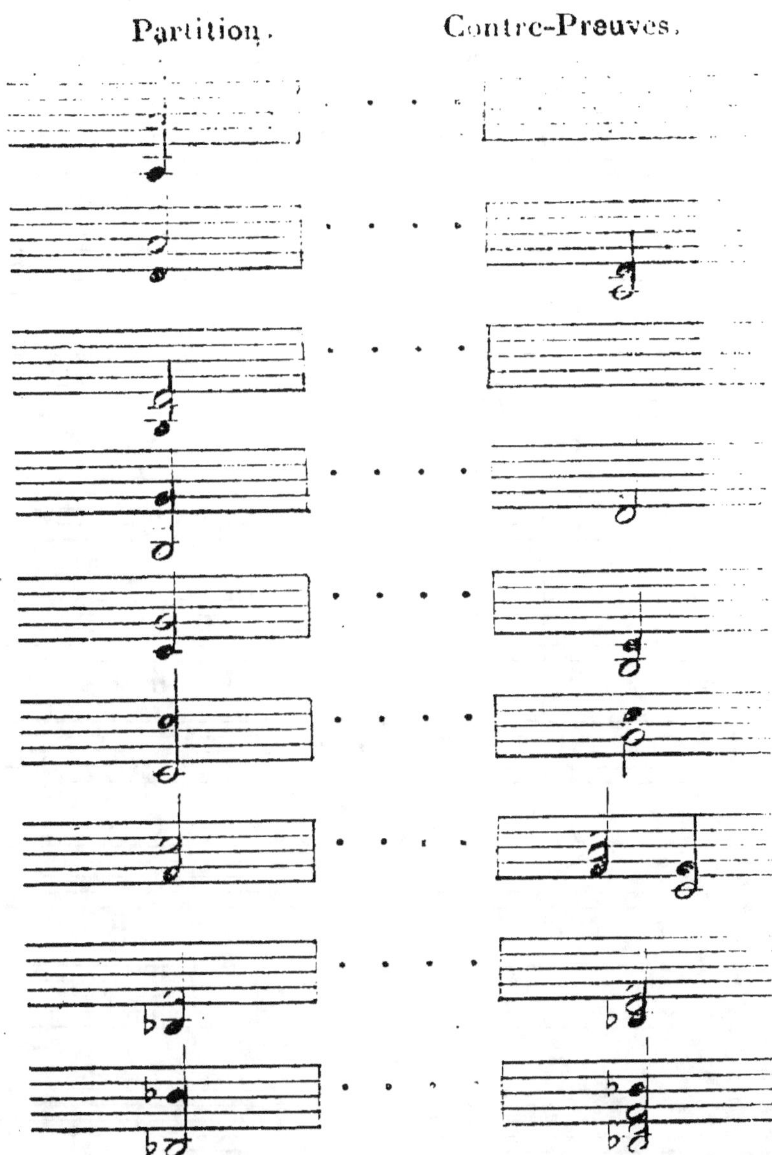

Partition.　　　　　Contre-Preuves.

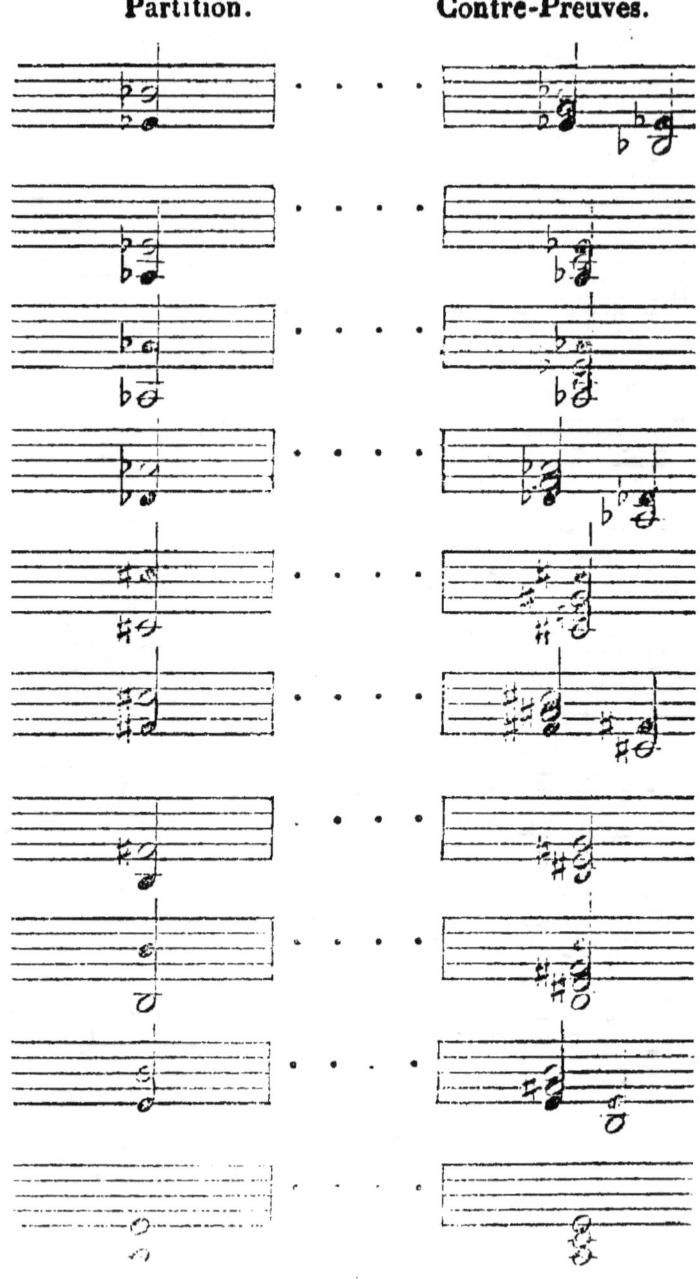

La dernière de ces vérifications est la quinte *la*, *mi*. Or, si la partition a été bien faite, il faut que ces deux notes présentent une sonorité satisfaisante, c'est-à-dire une quinte bien tempérée, sans quoi la partition aura été manquée, et l'accordeur devra la corriger.

Il y a deux manières de corriger une partition ; savoir, la recommencer, ou bien la refaire en rétrogadant.

J'ai préféré ce dernier moyen, et en voici la raison : Refaire une partition par là où on l'a commencée, c'est, pour ainsi dire s'obliger à retoucher toutes les notes, tandisqu'en revenant sur ce qu'on a fait, degré par degré, on peut se corriger sans parcourir la partition d'un bout à l'autre ; l'erreur peut se trouver sur une des dernières quintes.

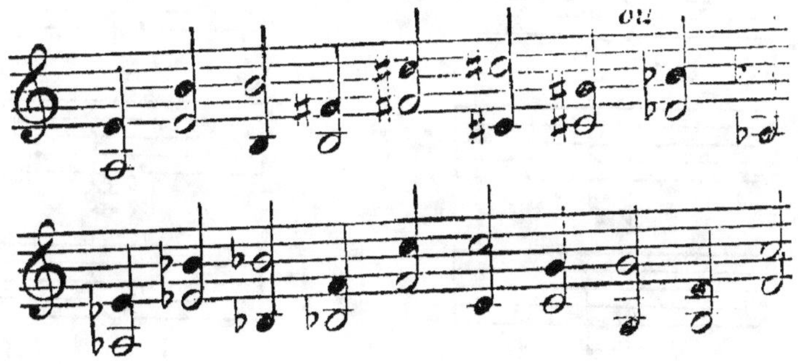

La contrepartition a, comme la partition, ses moyens de vérification.

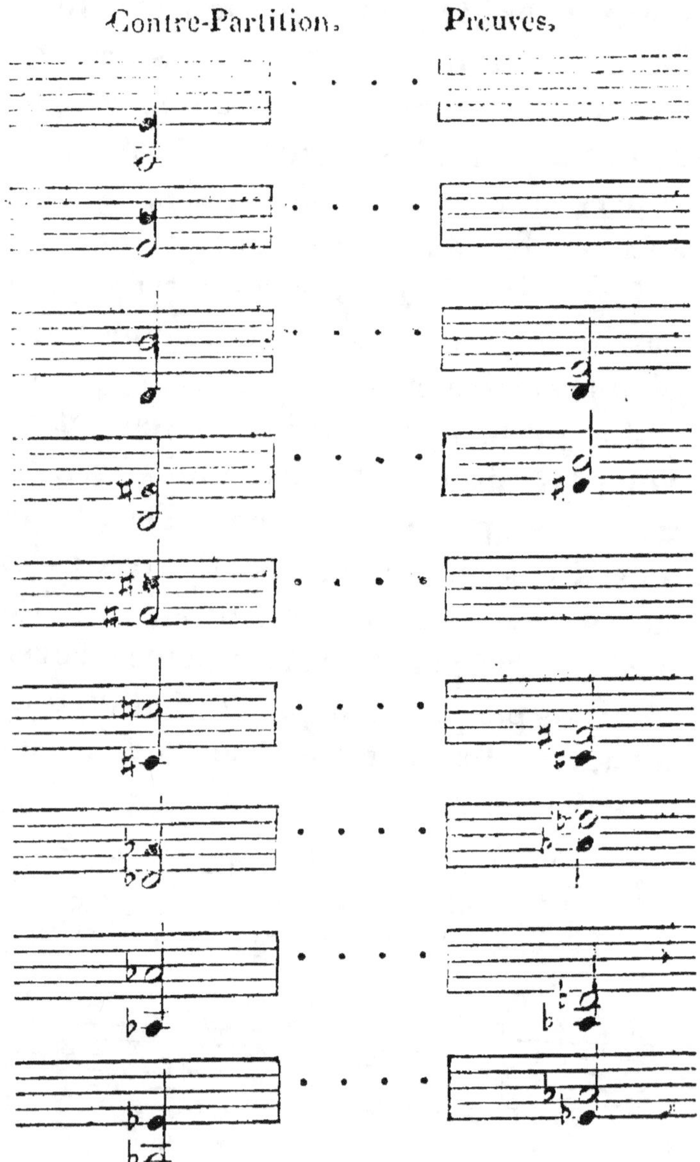

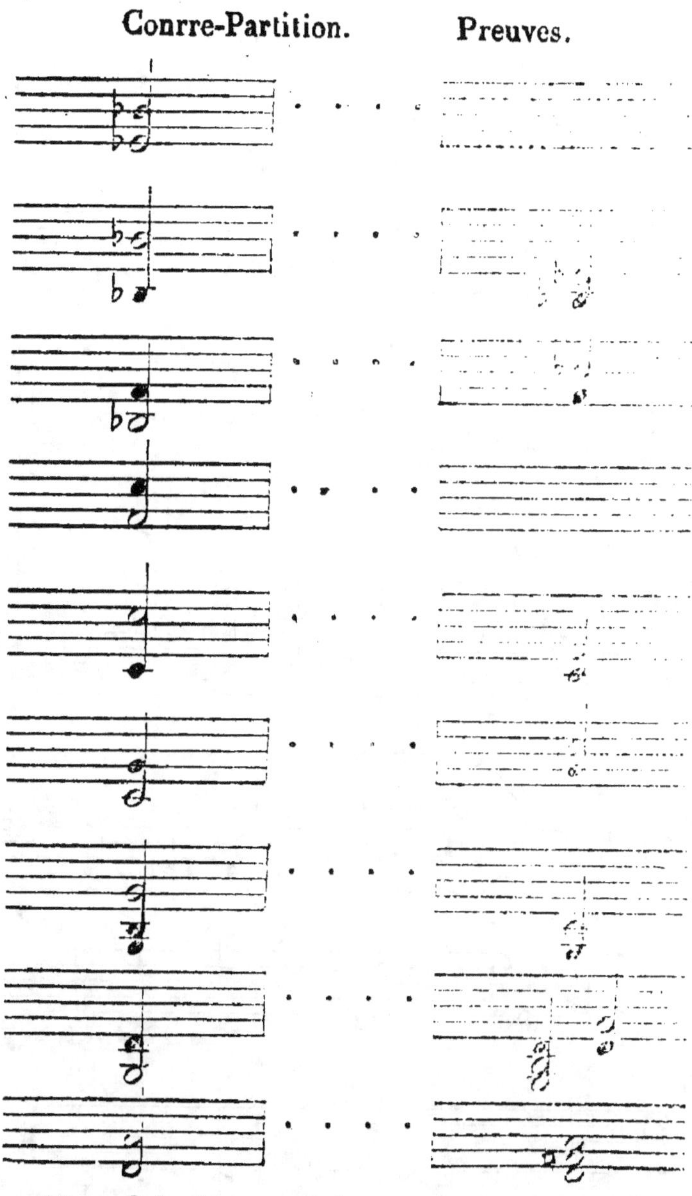

Une fois la partition et la contre-par-
tition terminées, on met par octaves
toutes les autres notes à l'unisson de

celles qu'on vient d'accorder, ce qui fait que le même tempérament est reproduit sur toutes les touches.

Voici la marche de ces notes accordées par octaves.

Première Partie.

Deuxième Partie.

TROISIÈME PARTIE.

MANIÈRE PRATIQUE D'ACCORDER.

Après avoir soulevé le couvercle d'un piano, placé les sous-portes et ôté la fausse table d'harmonie, on doit, par le moyen d'un soufflet, épousseter le premier plan de la caisse de manière qu'il ne reste absolument rien qui puisse contrarier la vibration des cordes.

On examinera ensuite s'il est des cordes à remettre. Dans ce cas, il faut dévisser la cheville, en ôter le petit bout de corde qui peut encore s'y trouver attaché, et la remettre à sa place.

Après cela, on défera l'étouffoir et l'on dégagera la pointe d'attache de sa bouclette primitive afin qu'elle ne gêne pas l'enfilement de celle qui doit la remplacer.

Tout étant ainsi disposé, on tâchera de connaître le numéro de la corde, on le choisira et l'on fera la bouclette.

Plus loin je parlerai des cordes et des différens systèmes de numérotage adoptés par les manufacturiers de Londres et d'Allemagne.

Je reviens à la bouclette.

Pour faire la bouclette on passe le bout de la corde dans le crochet de la clef (*fig.* 10); on le rejoint à la corde elle-même; et, après avoir placé l'un et l'autre entre le pouce et l'index de la main gauche, on tourne la clef et l'on fait une espèce de torsade ayant un petit anneau à l'extrêmité (*fig.* 11).

On enfilera cet anneau dans la pointe d'attache.

On mesurera ensuite la longueur de la corde et on la détachera de son rouleau quatre ou cinq pouces plus long qu'il ne faut. On reprendra alors la cheville, et, après y avoir entortillé la corde de droite à gauche, on l'introduira de nouveau dans sa case. On mettra alors cette corde à l'unisson des autres cordes de la même note.

Ici, un mot sur l'acoustique.

Le son d'une corde est formé par la vibration. Cette vibration est toujours en rapport de la tension de la corde; ainsi, pour que la corde que l'on vient de mettre donne le même son que ses voisines, il faut qu'elle ait la même tension.

Il est facile de régler la tension d'une

corde. En tournant la cheville de droite à gauche on la monte; en la tournant dans le sens contraire, on la descend.

On frappera donc un peu vivement la touche de la corde neuve et durant la vibration on la montera ; l'oreille la moins exercée entendra alors ceci.

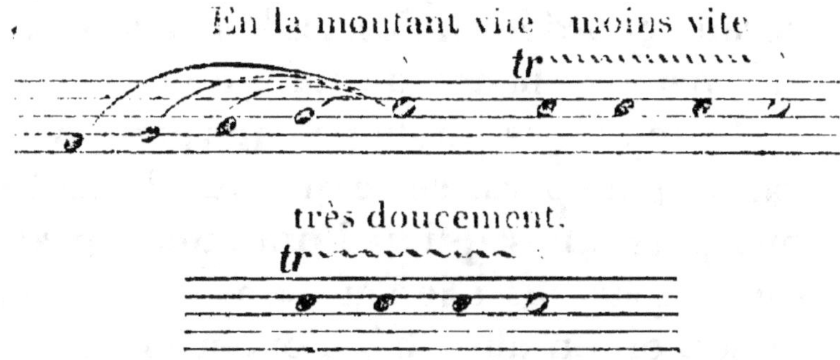

C'est-à-dire on entendra d'abord deux sons bien distincts, l'un formé par la corde neuve, l'autre par ses voisines ; à ces deux sons, il en succédera deux autres un peu plus rapprochés; puis on n'en entendra qu'un seul, mais tremblant et confus.

Ce tremblement indiquera que les vibrations des trois cordes ne marchent pas encore bien ensemble. Il faudra donc continuer à monter la corde; c'est ce qu'on fera jusqu'à ce qu'on soit parvenu à obtenir un son pur et sans aucune oscillation.

Si pourtant au lieu d'atteindre cette perfectibilité de son, on s'apercevait qu'on s'en éloigne, c'est une preuve que la corde est trop haute ; on doit la descendre, mais la descendre un peu plus bas de ce qu'il faut, afin de ne l'accorder qu'en la montant ; car une corde qui serait accordée en descendant présenterait peu de chance de stabilité [1].

Je ne me dissimule pas que cette opération peut paraître de quelque difficulté aux personnes qui ne l'ont jamais pratiquée ; mais aussi je suis convaincu que, lorsqu'on en aura fait l'expérience, on reconnaîtra facilement le contraire ; car il est bien peu de personnes qui ne sachent distinguer un son juste d'avec un son faux ; dès lors chacun est à même de corriger la fausseté d'une corde. Cette fausseté s'améliore ou s'empire par degrés.

(1) Une autre remarque a faire c'est que quelque soit l'étendu d'une corde, elle cède toujours un peu aux premières percussions du marteau. Pour remédier autant qu'il est possible a cet inconvénient, il est bon de frotter la corde avant de la mettre tout-à-fait à l'unisson. Ce frottement présente le double avantage de l'étendre et l'essayer.

Je reviens à l'accord.

Les cordes manquantes remplacées, on frappera la touche du quatrième *la*, et l'on cherchera avec un bout de feutre, que les accordeurs nomment *coin* (*fig.* 19), les cordes qui s'y rapportent.

Cela ne présente aucune difficulté, car en glissant légèrement le coin sur les cordes, on saisit de suite les cordes de la touche que l'on tient. Elles en répètent le même son.

Lorsque l'on aura retrouvé les trois cordes du *la*, on introduira parmi les deux dernières le bout du coin, et l'on n'en fera vibrer qu'une seule. On mettra alors la clef (*fig.* 13, 14, 15, 16) (1) sur la cheville de celle-ci et l'on battra le diapason (*fig.* 12).

Il y a trois sortes de diapason, savoir le diapason des Italiens qui est le plus haut; le diapason de l'opéra, qui est le plus bas, et le diapason de Feydeau, qui tient un milieu entre les deux. Pour les pianos, on se sert presque toujours du diapason de Feydeau.

(2) Les deux premières de ces clefs, s'emploient pour les pianos carrés et a queue et les deux autres pour les pianos verticaux.

On mettra donc la première corde du *la* à l'unisson de ce diapason; on reculera ensuite le coin d'une corde et la clef d'une cheville, et on mettra la seconde corde à l'unisson de la première, et puis la troisième à l'unisson des deux précédentes.

On passera le coin au la inférieur; on en fera taire les deux dernières cordes et on mettra celle qui reste à l'unisson des trois cordes du *la* supérieur. Sur cette corde, on accordera les deux autres de manière que toutes les six ne donnent qu'un seul son pur, juste, agréable.

Après cette première octave, on accordera la quinte *ré*, *la*.

Pour bien accorder cette quinte, on doit d'abord l'accorder juste; ensuite il faut forcer tant soit peu le *ré*, afin de lui donner ce tempérament qui a fait le sujet de la partie seconde de ce traité.

Pour que ce surplus de tension soit tel qu'il faut, le *la* inférieur doit donner avec le *ré* une quarte juste.

Maintenant que j'ai démontré la manière d'accorder les unissons, les quintes et les octaves, la partition ne peut plus présenter d'obstacle, car elle n'est qu'une

répétition plus ou moins éloignée de ces
mêmes intervalles. On la continuera donc
en ayant toutefois soin de n'accorder
qu'une corde à la fois, de commencer
toujours par la première, c'est-à-dire
par celle qui est le plus près de la basse ;
et enfin ne pas mettre les autres cordes
à l'unisson de la première qu'après s'être
assuré par le moyen des contre-épreuves
que cette corde chante avec justesse et
précision.

Pour l'accord des autres notes qui ne
font pas partie de la partition, on suivra
la marche indiquée à la fin de la seconde
partie de ce traité. Cette marche est extrêmement facile, et n'offre aucun em-
barras pour les contre-épreuves, car
chaque note peut être contrôlée avec
son accord parfait.

ARTICLE ADDITIONNEL.

DES CORDES.

Il y a trois espèces de cordes, savoir : cordes anglaises, cordes de Berlin, et cordes de Nuremberg. Les premières sont en acier, les secondes en fer, et les troisièmes en cuivre.

Les cordes anglaises sont indiquées par les numéros

7 8 9 10 11 12 13 14 15 16 17 18 19, etc.

Les cordes de Berlin et de Nuremberg sont désignées par les chiffres

4 3 2 1 $\frac{1}{0}$ $\frac{2}{0}$ $\frac{3}{0}$ $\frac{4}{0}$ $\frac{5}{0}$ $\frac{6}{0}$ $\frac{7}{0}$, etc.

Ces deux séries de numéros se correspondent ; ce qui fait que quelquefois les cordes anglaises sont indiquées par les chiffres d'Allemague, et celles d'Allemagne par les numéros anglais. Ainsi, un piano qui porterait les chiffres $\frac{2}{0}$, $\frac{3}{0}$, etc., et qui serait en cordes anglaises, indiquerait, par ces chiffres, les numéros 12, 13 etc., de la série anglaise.

Lorsque dans un piano le numéro des cordes n'est pas indiquée, le plus sûr moyen de le découvrir c'est l'emploi du métrocorde[1].

Le métrocorde est une petite filière à double face. Sur la première sont gravés les numéros anglais, et sur la seconde les numéros d'Allemagne. Voyez fig. 15.

Ainsi une corde qui se contiendrait dans la seconde entaille du métrocorde serait ou le numéro 8 anglais ou le numéro 3 d'Allemagne.

Pour connaître enfin si une corde est de l'une ou de l'autre espèce, il suffit de la plier deux ou trois fois ; si elle cède à la flexion, ce sera une corde d'Allemagne, si elle casse ce sera une corde anglaise.

Je ne saurais terminer cet article sur les cordes sans prier les personnes qui auraient des cordes à remplacer de faire tout leur possible pour que la corde que l'on met soit tout-à-fait pareille à celle que l'on retire ; et, qu'à défaut, on doit toujours préférer une corde plus fine à une corde plus forte, une corde anglaise à une corde d'Allemagne.

(2) On peut s'en procurer chez l'auteur.

Total. Je crois avoir expliqué dans cette méthode qu'il est nécessaire de savoir pour accorder le piano ; cependant si l'application des principes que j'ai posé présentait encore des doutes pour quelques personnes, une ou tout au plus deux leçons seraient plus que suffisantes pour lever toutes les difficultés.

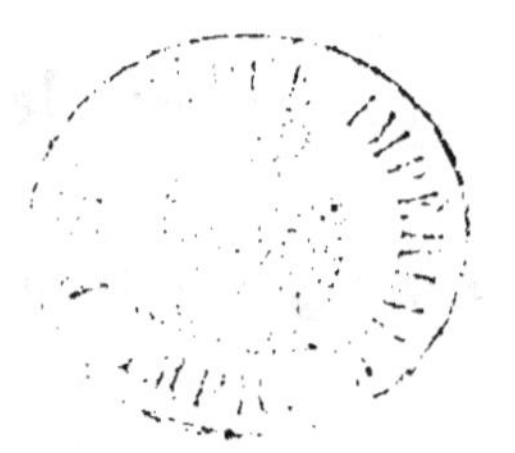

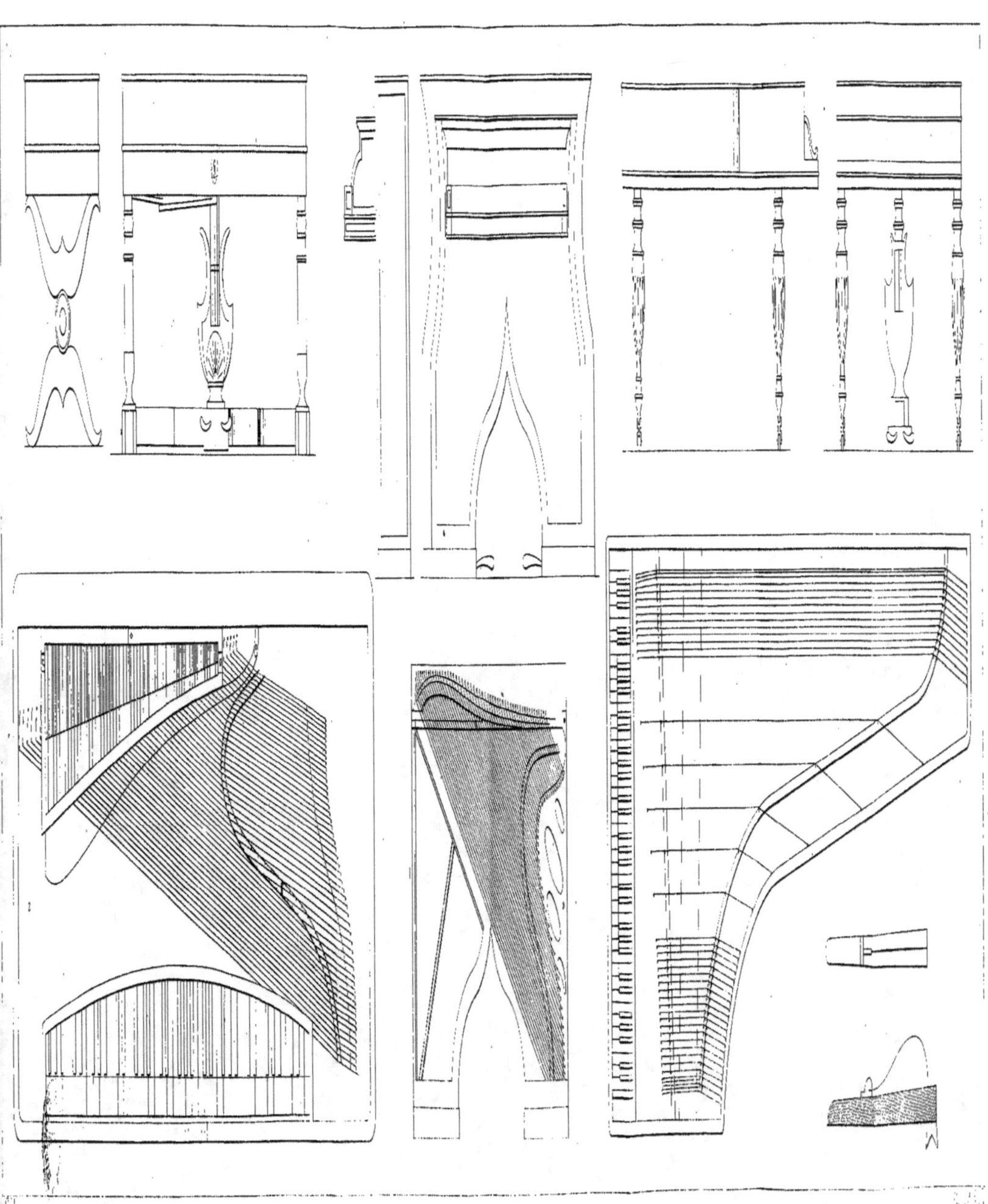

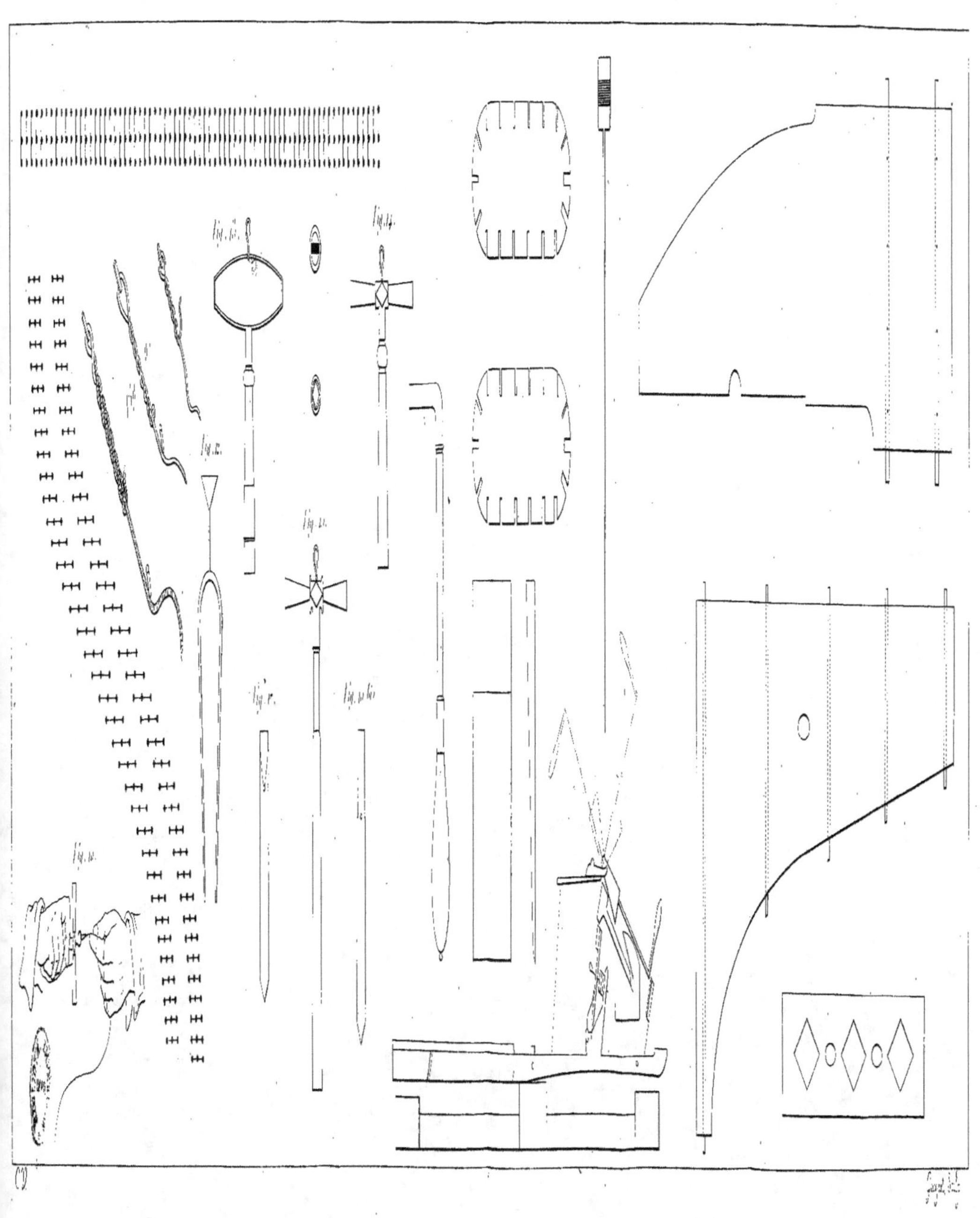